Pierre Probst

Drôle de théâtre

HACHETTE
Jeunesse

Les vacances, c'est merveilleux ! Mais quand il pleut, c'est tristounet...

« Si au moins on était riche, dit Noiraud, on pourrait partir en voyage !

— On ne va quand même pas passer notre temps à dormir... soupire Pipo.

— Et pourquoi pas ? répond innocemment Pitou. Les vacances, c'est aussi fait pour se reposer !

— Mais dormir du matin au soir, c'est pire que de faire ses devoirs... se plaint Youpi. Après tout, les vacances, c'est plutôt prévu pour s'amuser ! »

Les amis de Youpi sont d'accord avec lui. Mais comment trouver une occupation, quand il pleut autant ?

« Arrêtez de ronchonner ! J'ai une idée... s'écrie tout à coup Caroline. A mon avis, il y a mieux à faire que dormir.

— Tu en es sûre ? insiste Pitou.

— Si nous montions au grenier, nous trouverions sûrement de quoi nous déguiser... Vous êtes d'accord ? »

Se décider n'a pas été long ! En une minute, tout le monde était monté pour mettre son nez dans les cartons...

« Celui-ci est le plus lourd... dit Kid en titubant. Je suis sûr qu'il est plein de chaussures ! »

Grâce à Caroline, chacun a oublié le mauvais temps...

« Ce couvre-chef me va comme un gant ! lance Pouf, très fier de lui. D'ailleurs, dans ma famille, tout le monde a toujours eu une tête à chapeaux... Qu'en penses-tu, Caroline ? Tu ne trouves pas que j'ai un physique de jeune premier avec mon museau fin et mes hanches bien dessinées ? »

Caroline a trouvé une belle robe qu'elle ajuste sur un mannequin.

« Je crois surtout, s'écrie-t-elle, que tu es beau parleur, et ça me donne une idée épatante : que diriez-vous si nous montions une troupe de théâtre itinérante ? »

Le projet de Caroline réjouit tous ses amis. Bonne idée !

Pour aller de ville en ville, il est nécessaire de s'équiper. Mais, avant tout, il faut s'organiser ! Heureusement, la pluie a cessé de tomber et Caroline distribue les rôles :

« Pipo sera régisseur et Boum, son assistant... Pour tirer la roulotte, nous aurons besoin d'Anatole.

— Je m'occupe des carottes ! lance Kid. Comme tous les ânes, Anatole en raffole... »

Un bon régisseur doit être bon bricoleur. Il faut aussi qu'il fasse preuve d'imagination. Transformer la charrette en roulotte est très ingénieux !

Pipo vérifie que les roues sont solides. Porter des bottes de paille ou des décors de théâtre, ce n'est pas la même chose !

Pour Anatole, Kid est allé chercher de belles carottes toutes fraîches. Et pour être bien sûr qu'elles soient fraîches, il s'empresse d'en goûter une...

« Hum ! Chè carottes chon délichieuses... » approuve-t-il, la bouche pleine.

Confier son dîner à Kid est dangereux. Espérons qu'Anatole n'aura pas trop faim !

Acteur ou bricoleur, chacun sait à quoi s'occuper.
« Mais toi, Pitou, qu'aimerais-tu faire ? » demande Caroline.

Pitou réfléchit. Il lui vient soudain une riche idée.

« Je ne vois qu'un rôle où je pourrais briller, dit-elle d'un air dégagé : celui de souffleur ! »

Pipo et Boum ont entièrement vidé la cabane. Quel travail !

« Quand nous l'aurons fixée sur la charrette, dit Pipo, elle aura meilleure allure...

— Espérons qu'il n'y aura pas de tempête ! » note Youpi.

Une tempête? Quand il s'agit de faire la fête, Youpi imagine toujours le pire !

Le soir, autour du feu, tout le monde est très joyeux.

« A présent, dit Caroline, décidons quelle pièce nous allons jouer !

— Une pièce qui finit bien et qui fait rire ! demande Youpi.

— Le Chat Botté! lance Pouf. Je connais le rôle par cœur...

— Tu oublies que je suis chat aussi ! » relève Noiraud.

Qu'en pense Pitou ? Chut ! Elle répète son rôle de souffleur...

Le lendemain matin, chacun s'agite. C'est bien connu, les ânes sont têtus !

« Anatole, je t'en prie ! crie Kid. Comment irons-nous de ville en ville si tu restes immobile ? »

Mais Anatole se moque bien de ce que lui dit Kid. Et Boum manque de muscles pour tirer la roulotte tout seul !

Caroline arrive juste à temps pour débloquer la situation. Une carotte au bout d'un fil, il fallait y penser !

« Les gourmands sont toujours moins têtus quand on s'adresse à leur estomac... N'est-ce pas, Boum ? dit-elle pour plaisanter.

— Euh... Tout dépend ! répond Boum. Moi, il faudrait me payer cher pour que je coure derrière une carotte ! »

Anatole est moins difficile que Boum. Dès qu'il a vu la carotte, il s'est décidé à bouger !

« En avant ! lance Kid. A nous la vie d'artiste et les fumées de la gloire... »

« Je suis bien content de ne pas être acteur ! pense Boum. Je n'ai jamais rien pu apprendre par cœur... »

Les répétitions ont commencé. Qui va jouer le Chat Botté ?

« Le Chat Botté est courageux et rusé... dit Noiraud. Sans me vanter, je crois lui ressembler !

— Raffiné et délicat... Le rôle est pour moi ! » lance Pouf.

Caroline ne sait pas quoi faire. Elle pourrait choisir le meilleur... Finalement, ils joueront tous les deux !

Enfin, c'est le grand soir ! Les spectateurs sont venus nombreux pour assister au spectacle...

« Chers amis, bienvenue au Théâtre de Caroline ! dit Pipo au micro. Ce soir, nous avons le grand honneur d'interpréter devant vous l'histoire du Chat Botté... »

« Il paraîtrait, cher ogre, que vous avez le pouvoir de vous changer en ce que vous voulez ! dit Pouf.

— C'est exact, gronde l'ogre. Je peux être lion ou fourmi...

— Ce serait pour nous un immense honneur d'assister à l'une de vos transformations, récite Noiraud.

— Rien de plus simple ! lance l'ogre. Dites ce que vous voulez voir, et je m'exécuterai sans tarder... »

Pitou prend son rôle de souffleur très à cœur ! On comprend qu'elle ait tenu à répéter...

« Euh... A vrai dire, hésite Noiraud, j'aimerais tout spécialement que vous preniez l'apparence de... de... Hé, Pitou, aide-moi ! En quoi doit se changer l'ogre ? »

Pitou ouvre un œil et bâille tout ce qu'elle peut.

« En... lit douillet ? »

Noiraud s'en souvient juste à temps.

« Une souris ! s'écrie-t-il. Pourriez-vous devenir aussi petit qu'une toute petite souris des champs ?

— Rien de plus facile... » répond l'ogre.

Pipo lâche alors une belle souris sous le fauteuil et l'ogre disparaît comme par enchantement.

Quand la souris aperçoit Pouf et Noiraud, elle bondit de frayeur et ouvre grand les yeux.

« Vite ! s'écrie Noiraud. Sautons dessus et croquons-la !

— Cet ogre est bien sot pour s'être changé en souriceau devant deux chasseurs de haut niveau... » lance Pouf.

Et hop ! Tous deux prennent leur élan et bondissent pour saisir l'animal terrifié. Mais, bing ! Au moment de l'attraper, ils glissent et se retrouvent nez à nez...

Les spectateurs rient beaucoup et la pauvre souris prend ses pattes à son cou. Elle a eu une sacrée veine !

Le spectacle est terminé et tout le monde vient saluer.
« Au revoir et à bientôt ! crie Caroline.
— Vous avez été un public formidable ! remercie Pouf. Vraiment, nous avons été enchantés de jouer devant vous. Même Pitou, c'est certain ! Son rôle lui va si bien... »

Illustrations : Philippe Matter - Millimages - Dacodac
Scénario de Patrick Galliano adapté par Olivier de Vleeschouwer

Imprimé en France par Hérissey - Évreux - n° 66320
Dépôt légal n° 3182- Octobre 1994
22.45.3090.01/2 - ISBN 2.01.223090.3
Loi n° 49-956 du 16 juillet 1949
sur les publications destinées à la jeunesse - dépôt 10-94